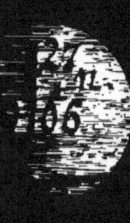

(Landriot)

DISCOURS

PRONONCÉ

PAR MGR L'ÉVÊQUE DE LA ROCHELLE

A LIGUGÉ PRÈS POITIERS

POUR LA FÊTE DE SAINT MARTIN

11 NOVEMBRE 1856.

Non est inventus similis illi (1).
C'est une race à part.

MONSEIGNEUR,

Il existe sur la terre depuis dix-huit siècles une race d'hommes qui n'a point sa semblable dans les générations antérieures. Le monde ancien était enseveli sous les débordements de la chair, ou égaré dans les voies ténébreuses de l'orgueil. L'esprit humain avait voulu dans son audacieuse témérité se diviniser lui-même ; mais la chair, par une juste punition de la révolte contre Dieu, travaillait tous les jours à animaliser les belles facultés de la nature humaine. Ainsi l'homme s'agitait entre ces deux écueils ; l'orgueil insensé d'un être qui s'égare dans les délires d'une adoration personnelle, et les sourdes et continuelles agitations d'un volcan de boue : à l'heure où il se croyait un Dieu, la chair faisait descendre cet être sans nom au-dessous de la brute.

Mais Dieu a pitié de tout ce qu'il a fait, et quelle que soit la culpabilité du genre humain, on ne saurait la comparer à l'étendue des miséricordes divines. Le Rédempteur s'est montré à nous avec toute la puissance de sa bonté : Jésus, le vrai sauveur, est descendu sur la terre, et par l'énergie de son verbe fécond, il a donné à l'homme le pouvoir de devenir le véritable enfant de Dieu, grand comme Dieu et pur comme l'ange, *dedit*

(1) Eccli. 44. 20.

eis potestatem filios Dei fieri (1). Cette seule parole de l'Evangile a renouvelé la terre : les pierres se sont levées partout dans l'univers, et elles sont devenues les enfants d'Abraham, c'est-à-dire qu'il s'est créé toute une génération d'hommes nouveaux, inconnus dans les siècles du paganisme, et qui se propagent dans l'ordre spirituel par une vertu analogue et supérieure à celle dont il a été dit: Croissez, multipliez-vous et répandez-vous sur toute la terre. Cette race d'hommes n'a point sa semblable, elle est grande, noble, fière, forte comme le bronze, et en même temps humble, simple, vivant dans l'abjection aussi bien que dans la gloire, et souple comme l'objet qui se fond à l'approche du feu. Cette race a l'âme généreuse, aimant les belles choses, s'élevant toujours vers les régions où l'air est plus vif: mais cette ascension ne se fait pas en dehors de Dieu, elle s'opère sous l'œil de Dieu, dans la soumission à Dieu, ce principe de toute grandeur, d'où l'être humain ne peut pas se détacher sans tomber dans l'erreur et l'abjection. Ces génies du monde nouveau sont aussi des anges par la pureté de leur vie, non pas des anges tombés qui se laissent séduire aux ombres trompeuses de la terre, mais des anges qui montent l'échelle de Jacob et deviennent tous les jours plus purs et plus lumineux. Cette race merveilleuse a pour nom les saints ou simplement les chrétiens; et quand je prononce le nom de chrétiens, je n'entends pas ce christianisme vulgaire qu'on rencontre partout, qui consiste à se cacher sous des formes, et dont un Père se plaignait amèrement dans les premiers siècles, en s'écriant : On diffame la vérité et on la déshonore par des questions de nom et de superficie: *Superficie vocabuli diffamant veritatem* (2). Je veux dire ce christianisme vrai, qui est la sève d'une vie divine, pénétrant l'âme d'abord, vivifiant toutes les pensées et toutes les affections, et faisant de l'homme un temple dont le

---

(1) Joan. Evang.
(2) Tertull. ad nation. l. 1, c. 5.

sanctuaire est encore plus beau que le péristyle. C'est ce courant électrique des âmes, sorti du cœur d'un Dieu, qui a peuplé le monde des intelligences de germes nouveaux, et donné à ces plaines immenses de l'humanité couvertes d'ossements arides, l'apparence et la réalité d'une armée innombrable, marchant à la conquête de la vraie gloire et des vertus héroïques.

Toutes ces pensées me sont venues au seul nom du glorieux S. Martin, et de toutes ses vertus si complétement surhumaines. C'est de lui surtout qu'on peut dire vraiment qu'il n'a point eu son semblable : humble et fier, plein d'une sainte énergie et patient jusqu'à une limite que plusieurs appelaient de la faiblesse, rempli d'un zèle ardent pour la gloire de Dieu et cependant d'une tolérance, d'une bonté pour les hommes égarés dont on lui faisait un crime, il préférait les moyens de douceur à tous les autres ; il cherchait, dit l'auteur de sa vie (1), à adoucir et à éclairer les esprits, les amenant ainsi à faire eux-mêmes et spontanément ce qu'il désirait. Cet homme étonnant était le Thaumaturge par excellence : il avait en quelque sorte à sa disposition cette puissance divine qui commande à la nature, et à laquelle notre siècle ne croit plus. Et cependant la science elle-même ne donne-t-elle pas à ses enfants le pouvoir de faire tous les jours de nouveaux prodiges ! Qui donc oserait refuser à celui qui pèse l'univers comme un grain de sable le droit de déléguer à ses amis une autorité supérieure à celle de la science ? Poser une semblable question, c'est la résoudre, et il est difficile de comprendre que des hommes intelligents s'arrêtent à de pareilles et de si misérables objections. Mais le grand et glorieux miracle de saint Martin, celui qui suffirait à lui seul pour éterniser sa mémoire, c'est d'avoir remué son siècle, soulevé les nations, et imprimé à son temps, sur une large et immense échelle, ce mouvement ascensionnel vers le bien, qui est le vrai et seul progrès de l'humanité.

(1) Sulpic. Sever. Vit. Mart. n° 15.

N. T. C. F., appelé au milieu de vous par la confiance d'un Evêque, dont la piété et la distinction ne sont ignorées de personne, et auquel une similitude d'âge a inspiré pour moi des pensées d'affection qui me sont bien chères, je ne sais vraiment pas sous quelle face aborder mon sujet. Je me sens dans la position d'un marin sur la haute mer : les passagers lui demandent de vouloir bien leur dire quelque chose de l'Océan? Mais que dire de l'Océan? Les sujets deviennent quelquefois impossibles par une surabondante richesse.

Je m'arrête à ces deux pensées : deux choses me frappent dans l'histoire des Saints et de saint Martin en particulier, le dévouement et la vie de prières.

I.

Qu'est-ce que le dévouement? C'est un mot bien commun à notre époque, mais la chose est rare ; l'une des grandes séductions de notre siècle consiste à remplacer les choses par les mots, et comme les mots sont plus sonores que les choses, ceux qui n'apprécient les objets que par le son et la couleur, se laissent prendre au piége, jusqu'à ce que l'austère vérité les arrache à l'illusion. Jetez un regard sur le monde actuel : sauf d'honorables et glorieuses exceptions, vous trouverez partout le dévouement aux intérêts matériels, aux intérêts de l'égoïsme et de la sensualité : l'homme est dévoué à la terre et à tout ce que la terre peut produire, il est dévoué aux opérations de l'industrie, du commerce, et à tout ce qui augmente son bien-être physique. Ces belles choses que l'on appelait le sacrifice de soi à la gloire de Dieu et aux intérêts de l'humanité, le culte des richesses de l'âme préféré à tout autre, l'élévation du caractère, la noblesse des sentiments, tout semble disparaître dans la réalité, et s'il en reste une ombre dans les mots, cette ombre est un déguisement qui ne sert qu'à couvrir le vide : car l'homme est si grand par son origine divine, que lorsqu'il fait de petites et misérables choses, il est comme obligé de les dérober à lui-même et à d'autres sous le couvert d'une expression pompeuse et séductrice.

C'est le propre des âges de corruption de cacher ainsi le vide, la misère et la honte sous les draperies des paroles dorées. Sans doute, il se fait de grandes choses à notre époque, mais avouons que trop souvent elles ne sont grandes qu'à la surface, et la vraie grandeur des choses morales consiste surtout dans le souffle qui les anime. Je le sais, la Providence laisse l'homme travailler et construire, et dans ses desseins de miséricorde, elle peut transformer en habitations angéliques les maisons élevées par l'orgueil et la volupté ; et c'est peut-être ce qui me rassure pour l'avenir. Le monde s'agite sur une toile légère et brillante qui recouvre des abîmes, mais Dieu peut reprendre l'édifice en sous-œuvre, et lui donner pour colonne et pour soutien tout un peuple de générations fortement assises sur le roc de la vertu.

Cependant la société marche en sens inverse : les âmes s'abaissent, les caractères s'énervent, les cœurs se traînent dans la langueur, les parties hautes de l'humanité s'effacent, le sens divin disparaît dans les hommes et dans les choses, ce sens merveilleux sans lequel le niveau supérieur n'est pas possible chez les nations comme chez les individus. Il ne saurait en être autrement : il n'y a que les choses divines qui élèvent, et tant que les hommes, selon l'expression du Prophète, auront le dessein parfaitement arrêté de ne contempler que le sol, *oculos suos statuerunt declinare in terram*, de n'attacher d'importance qu'aux productions du sol, et à tout ce qui se compte et se pèse, les âmes seront lourdes comme le métal, et privées de sens moral comme le minerai que l'on arrache aux carrières. Les choses deviennent semblables par le contact, et quand l'esprit de l'homme s'agglutine à la terre, il emprunte quelque chose à l'insensibilité et à la pesanteur de la glèbe. Aussi, parlez à ces âmes charnelles de pensées généreuses, de dévouement à leurs frères, elles n'entendent pas, elles ne croient pas, elles acceptent vos paroles avec le sourire de l'incrédulité. Je vais plus loin, il n'est pas dans l'ordre, et l'on ne doit pas espérer, qu'elles croient au dévouement : car le cœur de l'homme est ainsi fait, qu'il ne croit qu'aux choses dont il se sent capable. Les grandes âmes croient facilement aux grandes choses, les cœurs généreux adoptent le dévouement comme possible et vrai ; mais l'égoïsme ne croit qu'à l'égoïsme, le culte de l'or ne croit qu'aux inspirations de son dieu. Les choses en sont même venues à ce point, que lorsqu'une belle âme annonce un projet généreux, un projet dont l'abnégation et l'esprit de sacrifice sont la base et la raison d'être, les générations n'ont plus la force de croire. Je me trompe, elles croient à la vanité, à l'amour de l'argent, à la volonté de se faire un nom, elles croient à tout, excepté au désintéressement et au vrai sacrifice. L'homme ne croit plus qu'un autre homme soit capable d'un acte de vertu pure, et ceci est un des symptômes les plus alarmants de notre époque. On disait, il y a trente ans : Nous sommes perdus, parce que le respect s'en va. J'ajouterai ceci : Si Dieu n'avait pitié de nous, nous serions perdus, parce que la croyance aux belles choses, aux projets généreux, s'en est allée. On croit à l'or, à l'argent, aux chemins de fer, aux exploitations de houille ; là s'arrête la foi des nations.

 Les saints, par une vie pure et sans tache, par l'exemple d'une vertu incontestée, avaient autrefois créé dans le monde la croyance au dévouement et à la pratique du dévouement : la foi aux miracles de la charité et du sacrifice semblait aussi naturelle que la foi aux influences salutaires de la chaleur. La seule vie de saint Martin aurait forcé dans ses derniers retranchements l'incrédulité la plus opiniâtre. Cet homme extraordinaire n'a eu qu'une pensée, la gloire de Dieu et le bien de ses frères. Il s'est constamment oublié lui-même, il s'est dépouillé lui-même pour enrichir les autres, et ce trait de son histoire qui le représente donnant la moitié de son manteau, n'est qu'un symbole de sa vie tout entière, vie divine dont le dépouillement continuel fut la base et l'explication. Il était présent partout où se trouvait un pauvre à soulager, un affligé à consoler, un malade à guérir. Son argent, ses sueurs, ses fatigues, ses veilles, ses voyages, tout appartenait à ses frères, tout était consacré au service de l'humanité; pour lui, il ne réservait que les pénitences, les cilices, le coucher sur la dure. Saint Martin était aussi un spéculateur, mais dans un sens que ne comprennent guère les enfants du siècle : il spéculait le gain et le bonheur pour les autres, et la fatigue pour lui. Magnifique spéculation, dont le secret est dans la parole de saint Paul : Je vous donnerai volontiers tout ce que je possède, et, par surcroît, je me livrerai moi-même pour le bien de vos âmes : *Ego autem libentissime impendam et superimpendar ipse pro animabus vestris* (1).

Quiconque aime le Seigneur comme les saints savent aimer, connaît la peine que cause à l'âme la séparation de Dieu, de ce Dieu si bon et si beau, que le juste ne peut penser à lui sans tressaillir d'espérances et de violents désirs. Cette angoisse de l'amour qui n'a pas encore la liberté de contempler Dieu face à face, arrachait à sainte Thérèse cette plainte douloureuse : Je meurs tous les jours de ne pouvoir mourir, car la mort serait ma vraie vie. Saint Martin, dont l'âme était si intimement unie à Dieu, souffrait aussi de ce martyre continuel d'un cœur qui voudrait vivre en Dieu et changer les plaines arides et glacées de ce monde pour les chaudes et vivifiantes aspirations du ciel. Et cependant cet athlète vigoureux, âgé de plus de quatre-vingts ans, brisé par les travaux beaucoup plus que par les années, arrive sur les plages de l'éternité, il voit la gloire qui l'attend, il découvre la mer infinie des jubilations qui s'ouvre devant lui, son cœur bondit avec toute la violence du désir, puis il hésite, il ne sait pas s'il doit avancer..... O serviteur

(1) ii Cor. 12. 15.

de Jésus-Christ, vous ne voulez donc plus vivre avec votre divin maître, vous dont le cœur a toujours soupiré après cette heure fortunée de la réunion? Quel lien secret peut donc vous retenir sur la terre? — Mais, ô mystère incompréhensible de charité! je l'entends qui prie, et cette prière est l'acte d'immolation de l'âme le plus héroïque. Il consulte Dieu, il ne sait pas s'il peut quitter ses chers enfants, s'il lui est permis d'être heureux, tandis que sa famille bien-aimée restera dans une vallée de larmes : un seul mot du ciel! et il acceptera avec bonheur une nouvelle vie de sacrifices et de tribulations. « O mon Dieu, s'écrie-t-il, si je suis nécessaire au bien de mes frères, je suis prêt, je ne refuse pas le travail, votre volonté sera la règle de mon désir. » — O l'admirable charité, s'écrie saint Bernard (1), il offre à Dieu son Isaac, son fils bien-aimé, son désir le plus cher, les aspirations les plus ardentes de son cœur. Il sacrifie tout, il consent avec joie à voir différer le bonheur infini, les délices de l'éternel amour : il se dévoue à tout, jusqu'à rentrer dans une voie de douleurs et d'angoisses, et pourquoi? parce qu'il aime ses frères, parce qu'il les aime jusqu'à la passion, qu'il sent encore le besoin de leur faire du bien, et que dans ce noble cœur le dévouement a été la vraie et continuelle respiration de sa vie. Son âme est sous le pressoir de deux amours, et il consent à laisser en un sens l'amour infini, plutôt que de manquer à ce que l'amour fraternel pourrait exiger de lui : *Coarctor è duobus, desiderium habens dissolvi, et esse cum Christo, multo magis melius, permanere autem in carne, necessarium propter vos* (2).

Aussi je comprends que saint Martin ait opéré une vraie révolution dans le monde, révolution glorieuse et pacifique. Ce seul homme, avec son habit grossier, ses allures simples et presque négligées, a été un vrai conquérant. Je ne m'en étonne pas : les nations ont senti

(1) In festo S. Martini.
(2) Philip. 1, 23-24.

qu'il y avait un cœur sous ce vêtement de bure; les peuples ont cru en lui, ils se sont confiés à son cœur, parce qu'ils ont vu en lui ce qui arrache toujours le respect et la confiance pleine de vénération, je veux dire l'amour vrai de ses semblables, ce dévouement sincère et profond qu'il n'est point donné à l'homme de contrefaire, et l'immolation d'une vie tout entière au bonheur des autres. Saint Martin, au témoignage de Sulpice-Sévère, avait beaucoup de méthode, de clarté et de distinction dans le langage (1): Cependant ce n'était point un lettré, il ne faisait point de romans sur l'esprit de sacrifice et de dévouement; mais sa vie tout entière a été un magnifique poëme en action, et le peuple, qui a le génie du bon sens, accorde volontiers sa confiance à celui qui écrit son dévouement dans ses actes, tandis qu'il se défie de celui qui se borne à parler et à écrire, parce qu'il sent que l'un donne simplement des phrases, c'est-à-dire des nuées sans eau, comme parle l'Écriture, tandis que l'autre donne les sueurs de sa vie et le sang de son âme. Et le sang d'une âme pure qui se verse continuellement pour arroser les champs de l'humanité, trace la véritable, la grande épopée de l'humanité! C'est le dévouement qui n'a plus besoin de se prouver, parce qu'il est à l'état de lumière éclatante et féconde!

II.

Après le dévouement, le caractère qui me frappe le plus chez les saints, et dans saint Martin en particulier, c'est la vie de prières.

Quand on parle de prières dans un certain monde, on se représente une bonne femme de campagne balbutiant des mots plus ou moins inarticulés, plus ou moins incompris, derrière le pilier d'une église de village. A Dieu ne plaise que je déverse une parole de blâme sur ces formes extérieures de l'âme qui s'élève à Dieu, formes qui doivent varier selon les personnes,

(1) C. 25, édit. Migne.

et emprunter même quelque peu de la rusticité des esprits incultes. Une chose que ne réprouve point la conscience est noble et bonne quand elle conduit à Dieu, et l'homme sage doit professer le plus profond respect pour toute pratique de piété qui sert de canal aux sentiments intérieurs, ou d'échelle mystérieuse pour guider l'âme vers les cieux. Cependant je ne veux point en ce moment vous entretenir de ces formes extérieures, d'ailleurs excellentes pour qui s'en sert selon l'esprit de l'Eglise : je fais allusion à ces paroles si remarquables de la vie de saint Martin. « Il n'y eut pas un seul moment de son existence qui ne fût consacré à l'oraison, il ne put jamais arracher son âme à la prière.... Alors même qu'il paraissait faire autre chose, son cœur priait toujours (1). »

La vie de prières dans son acception la plus élevée et la plus simple est la respiration de l'âme en Dieu, la communion perpétuelle du chrétien à l'être infini, l'ascension graduelle de l'âme, qui s'appuyant sur les mérites de Jésus-Christ, domine les choses de ce monde, puise sa nourriture dans une sphère céleste, et laisse flotter au large sur une mer sans limites les rejetons multiples de sa vie intérieure, semblable à ces belles plantes qui surnagent pour respirer l'air, la vie et la chaleur. La prière ainsi entendue, c'est l'écoulement doux, paisible et continu de cette fontaine d'amour qui jaillit de toutes les natures immortelles, et qui, sanctifiée par la grâce de Jésus-Christ, se verse dans le sein du meilleur des pères, du plus intime des amis, du plus tendre des époux : et ce père, cet ami, cet époux, c'est Dieu, qui descend avec une merveilleuse facilité à toutes les expansions les plus familières de l'amour ; ce Dieu si bon dont parle saint Augustin, quand il s'écrie : Notre Dieu c'est une mère, parce qu'il nous nourrit, parce qu'il nous réchauffe, parce qu'il nous allaite : *Mater est quia nutrit, quia fovet, quia lactat.* Lait divin de la prière ! jamais l'enfant n'a recueilli

(1) Sulpic. Sev. Vit. S. Martini, c. 26, éd. Migne.

quelque chose d'aussi suave sur le sein de sa mère. Saintes affections de l'amour divin ! vous surpassez tout ce que peut rêver le délire des passions humaines, vous le surpassez en force, en énergie, en douceur, en ineffables délices. La vie de prière, M. T. C. F., est la vraie vie de l'être raisonnable et surtout du chrétien : elle devient la lumière de l'intelligence, la force et l'onction du cœur, elle donne de l'activité à toutes les puissances de l'âme, elle sanctifie l'être tout entier, elle divinise la chair elle-même, et fait de l'homme un être nouveau dont la partie supérieure est plus haute que le monde et plus sereine que les cieux. Avez-vous jamais fait une ascension sur ces montagnes élevées où le soleil est rarement caché par les nuages, tandis que la plaine est ensevelie dans les ténèbres? C'est une image imparfaite de ce que devient le juste au milieu des obscurités du monde. Son âme s'élève graduellement sur les ailes de la prière jusqu'à des régions lumineuses, où elle se construit une tente pour abriter au moins tout ce qu'elle a de noble et de divin dans le cœur. Là elle vit de la vie même de Dieu, elle puise à une source qui est tour à tour fraîche dans les ardeurs du jour, chaude dans la saison rigoureuse, et toujours fortifiante dans les défaillances de la vie. C'est de ce lieu élevé qu'elle part comme d'un centre d'opérations pour faire ses excursions dans la plaine du monde : elle y porte une lumière qu'ignorent les enfants du siècle, une facilité d'exécution qui étonne tous ceux qui ne savent pas avec quelle attention délicate Dieu favorise l'action de ses amis même dans l'ordre naturel : et quand le moment du repos est arrivé, cette âme bienheureuse reprend son vol, elle remonte à cette cellule divine, à cette ruche de la montagne, où se trouve un miel inconnu sur la terre, et dont la saveur rafraîchit et délasse de toutes les fatigues de la vie : *Intrans in domum meam, conquiescam cum illa, non enim habet amaritudinem conversatio illius.... sed lætitiam et gaudium* (1).

(1) Sap. 8, 16.

Saint Augustin a défini en deux mots cette vie de prières : c'est le privilége des grandes âmes d'ouvrir avec le glaive de la parole toute la profondeur des questions divines. « Le sage a toujours ses racines enfoncées en Dieu, soit qu'il demeure solitaire avec lui-même, soit qu'il converse avec les hommes : (*Sapiens*) *semper Deo infixus est, sive tacitus, sive cum hominibus loquens* (1). Pénétrez, N. T. C. F., le sens mystérieux de ces paroles : L'âme humaine, je veux dire toute âme sérieuse, car l'Evangile et l'expérience m'apprennent que certaines âmes n'ont point de racines, *non habent radicem in se* (2); l'âme humaine a des racines qui ont vie quelque part, et quand ses racines plongent pour ainsi dire dans l'essence divine, *Deo infixus*, l'âme a une vie divine, une vie de prières, une vie d'amour, une vie de bonheur; et cette vie surajoutée à l'autre, pénétrant l'autre tout entière, la perfectionne, lui donne un degré supérieur, comme le rameau greffé améliore, adoucit et parfume la sève de l'arbre sauvage.

Saint Martin était vraiment ce sage dont parle saint Augustin. Cette âme forte avait des racines nombreuses et profondes; mais ces racines puisaient leur sève dans la vie divine, et toutes les branches, en flottant dans l'atmosphère de ce monde, y répandaient une fraîcheur délicieuse, un parfum qui embaumait au loin les campagnes; ses fruits pleins de saveur étaient la nourriture des passants, et ses larges rameaux servaient d'abri aux âmes qui recherchent les hauteurs. C'était l'arbre de l'Evangile : « *Fecit ramos magnos, ita ut pos-* » *sint sub umbrá ejus aves cœli habitare* (3). »

Cette existence de l'âme en Dieu, ce contact familier et continuel avec l'Esprit-Saint, donnaient à la vertu de saint Martin deux caractères très-particuliers, une énergie vitale, forte et inébranlable, et une douceur incomparable.

(1) De Ordine l. 2, n° 7.
(2) Marc. 4, 17.
(3) Marc. 4. 32.

« Jamais personne ne le vit agité, dit Sulpice-Sévère (1),
» jamais irrité, jamais triste, il était toujours le même,
» sa figure rayonnait une joie céleste, il semblait être
» en dehors de la nature humaine. » Reprenons l'idée
de S. Augustin : Quand l'arbre vigoureux a ses fortes
racines enfoncées dans un sol inébranlable, il demeure
immobile au milieu de toutes les secousses : c'est à
peine si les feuilles éprouvent un léger frémissement.
Voilà le mot de l'énigme pour expliquer la vie des Saints :
Dieu est la terre de leur âme, c'est le rocher à la fois
tendre et dur comme l'acier, tendre pour se laisser pénétrer, inflexible pour retenir l'âme qui s'est donnée.
Unie à Dieu, l'âme participe en quelque sorte à son
immobilité que vivifie une féconde et multiple activité.
Les choses humaines, les traverses, les contradictions,
les coups de vent peuvent agiter légèrement les feuilles,
c'est-à-dire la partie extérieure de l'être, mais l'homme
supérieur domine la tempête, il est calme, il jouit de
l'abondance de la paix, il est toujours le même, *unus
idemque semper*, et une certaine irradiation de la sérénité des cieux éclaire en les purifiant les organes de la
vie sensible, *cœlestem quodammodo lætitiam vultu præferens*. Telle est la physionomie immatérielle et sensible
de l'âme juste : Je ne m'étonne pas d'entendre Sulpice-Sévère affirmer que de pareils hommes forment un genre,
une espèce à part dans l'humanité : genre divin, espèce
surnaturelle dont il serait à souhaiter que la semence
se répandît partout, *extra naturam hominis videbatur*.

La vie de prières avait donné un autre caractère à la
vertu de saint Martin ; c'était un grand esprit de douceur, de support et de facilité pour le pardon.

Cela doit être : tout esprit qui est en rapport habituel
avec Dieu a besoin d'être doux ou de devenir doux.
L'Esprit-Saint est un Esprit de douceur, de paix, de
suavité incomparable, et un contact familier et quotidien avec lui doit engendrer des qualités semblables.
Rien n'est plus facile que de distinguer dans la vie, les

(1) C. 27.

hommes de véritable oraison, les âmes unies à Dieu. On y découvre, quand on peut les pénétrer intimement, je ne sais quoi de doux, de facile, de souple, de condescendant qui étonne. Ce sont, sauf les défauts de l'âge, des enfants par la simplicité, la candeur, la droiture, la facilité de leurs habitudes. Tel m'apparaît saint Martin dans la longue période de son existence, et au milieu de toutes les vicissitudes d'une vie agitée. Cette figure si austère en apparence avait toute la bonté de l'âme la meilleure et la plus candide : il n'avait point de ruses, disent les historiens, dans son cœur il n'y avait que bonté, sur ses lèvres que paix et miséricorde (1). La longanimité, le pardon des injures allait dans son âme à un degré qui semblait l'oubli de la dignité et des devoirs épiscopaux. Il ne savait pas se fâcher, dit encore son historien, il ne savait que pardonner, et rien ne lui était plus facile (2).

Oh! M. T. C. F., qui rendra au monde ces âmes d'élite, que nous catholiques, nous appelons des hommes de prière, ou des hommes divins ! Les hommes ! c'est une grande chose, quand ils sont divins : mais c'est un triste spectacle quand ils se contentent d'être hommes, c'est-à-dire ce je ne sais quoi de pauvre, de misérable, de faux, d'intrigant et de mensonger qui fait mal à voir et qui est si commun. Contemplez la surface des nations : où sont ces types d'hommes divins que je décrivais tout à l'heure ? Grâce au christianisme, il en est encore qui surnagent çà et là pour reposer la vue, consoler les espérances, et réconcilier avec le genre humain. Mais l'ensemble des générations, que sont-elles devenues ? Les âmes ressemblent aux feuilles que le vent d'automne promène en tous sens dans les basses vallées, les caractères n'ont plus de consistance, les volontés plient et rompent tout à la fois, la dissolution morale se répand partout; on ne croit plus à rien, excepté à l'or, à l'argent,

(1) C. 27.
(2) Dialog. III Sulp. Sev. c. 15 et 16, éd. Migne. Patrol. t. xx

à l'argile; aussi tout est friable et cassant comme l'argile, tout est lourd et pesant comme l'or, et c'est à peine s'il nous reste un peu de couleur brillante pour tromper les âmes superficielles. Et encore ces âmes molles jusqu'à l'inconsistance, ont-elles la dureté et l'insensibilité de la pierre. Tant il est vrai que le vice a la singulière propriété de réunir les conditions contraires. Les cœurs ne sont plus souples, bons, droits, simples comme au temps de la naïve simplicité de nos pères; le contact des esprits et des cœurs n'a plus ce moelleux, ce suave que donne la charité. On trouve dans la société, sous des apparences séductrices, le froid et le poli du marbre, l'aigreur de l'envie, et quelquefois les sourdes agitations de la haine. O vie divine du christianisme, ne tarissez pas au milieu des générations humaines et faites une nouvelle irruption parmi nous, vous seul pouvez donner à notre siècle malade ce qui lui manque, la vie abondante et pleine de suavité, les caractères énergiques, et ces natures d'autant plus souples, qu'elles sont fortes et vigoureusement trempées.

Monseigneur, votre intelligence élevée, votre noble cœur ont compris toutes ces merveilles du christianisme, mieux que je n'ai su les exprimer. Vous avez voulu en perpétuer le souvenir et la pratique, en établissant ici, à l'endroit même où S. Martin opéra son principal prodige, des successeurs de son zèle, de son dévouement, de son esprit de prière. Deux choses me touchent profondément à cette heure : je ne puis oublier que mon enfance chrétienne a été comme bercée aux pieds des autels de S. Martin, le patron de ma paroisse natale (1), et que je retrouve ici le compagnon, l'ami de mon enfance, et plus tard de ma jeunesse cléricale (2). Il appartient à cette noble famille de S. Benoît, que vous avez chargée de constituer sur cette terre de miracles une colonie nouvelle d'hommes de dévouement et de prières.

(1) Couches-les-Mines, diocèse d'Autun.
(2) D. Pitra.

Je vous en remercie, Monseigneur, comme d'une chose qui me touche personnellement, et aussi au nom de la Religion comme d'une œuvre éminemment évangélique et sociale. Mais je dois aussi vous remercier de m'avoir convié à cette fête de famille : j'avais dans l'âme de secrètes aspirations qui eussent dû peut-être me faire choisir cette vie de calme et de dévouement silencieux. Puisque la Providence en a disposé autrement, il m'est bien doux de venir respirer, au moins en passant, cet air de la solitude qui est toujours frais et pur, et que l'âme ne reçoit jamais sans devenir plus forte et meilleure.

Poitiers. — Impr. de H. Oudin.

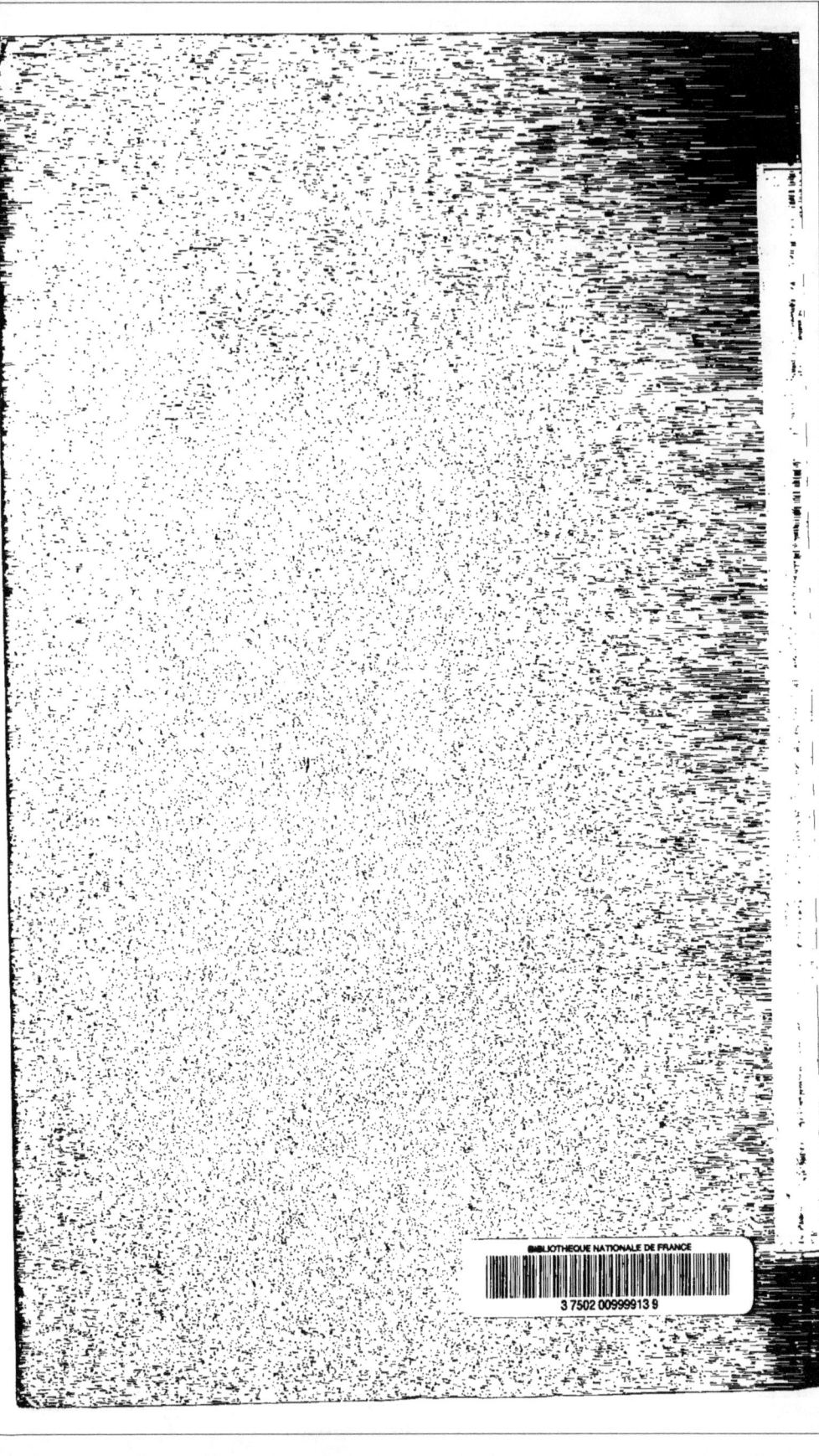

www.ingramcontent.com/pod-product-compliance
Lightning Source LLC
Chambersburg PA
CBHW060933050426
42453CB00010B/1984